自治体議会政策学会叢書

ローカル・ガバナンスと政策手法

日高 昭夫 著
（山梨学院大学教授）

イマジン出版

目　　次

1　なぜ「政策手法」に注目するのか？ ……………………………… 5
　　1-1　政策法務と政策手法 ……………………………………… 6
　　1-2　政策評価と政策手法 ……………………………………… 6
　　1-3　ガバナンスと政策手法 …………………………………… 8

2　政策をどうとらえるか？ …………………………………………… 13
　　2-1　独立変数としての政策 …………………………………… 16
　　2-2　社会システムをコントロールする手段としての政策 ………… 18
　　2-3　政策の形成と実施のシステム …………………………… 20
　　2-4　政策の階層性－事務事業も政策だ！ ……………………… 29
　　2-5　「政策」や「施策」は実在するか？ ……………………… 31

3　政策手法論の重要性 ………………………………………………… 35
　　3-1　政策手法の理論 …………………………………………… 36
　　3-2　政策手法の三類型 ………………………………………… 37
　　　　(1)　規制手法 …………………………………………… 40
　　　　(2)　経済手法 …………………………………………… 41
　　　　(3)　情報手法 …………………………………………… 42
　　3-3　政策手法のパッケージ化 ………………………………… 43
　　3-4　需要の構造と政策手法 …………………………………… 46

4　むすびにかえて …………………………………………………… 53

＊付　　録　浜松市政策課題研究研修評価シート ………………… 55
参考文献一覧 ………………………………………………………… 56
著者紹介 ……………………………………………………………… 57
コパ・ブックス発刊にあたって…自治体議会政策学会　竹下　譲……… 58

 なぜ「政策手法」に注目するのか？

　山梨学院大学で「自治体行政学」を教えております、日高です。今日は「政策手法」についてお話をさせていただきます。

　せっかく甲府から液晶プロジェクターを持参しましたので、ノートパソコンとつないでプレゼンテーションをしたいと思います。プレゼンの技法で内容の希薄さをごまかそうという横しまなねらいもないわけではありませんが…。（笑い）

　オープニングの画面は、私のマスコットにしている「ラッパを吹くうなぎ」の置物の写真です。職員研修で毎年七、八回は浜松市に行きます。浜松といえば「浜名湖」、浜名湖といえば「うなぎ」…と連想します。が、意外にも浜松は楽器のまち、音楽のまちでもあります。そういえばヤマハやカワイは浜松の代表的企業ですね。そのシンボルが市立の楽器博物館です。そこのミュージアムショップに和紙で出来たこの「ラッパうなぎ」があります。うなぎのぼりに人気が上がるようにというわけではないのですが、可愛いのでマスコットにしています。捉えどころのないホラを吹かないための自制の具だろう、などと悪口を言っている友人もいるようですけど。（笑い）

　さて、本題に入りたいと思います。なぜ「政策手法」に注目すべきか、という点からお話します。

　いよいよ分権時代に入り、自治体政策の重要性はあらためて指摘するまでもありません。従来からの「政策形成」論の強調に加えて、近年にわかに「政策評価」論が力説されるようになってきました。政策の入口である課

題設定や立案作業を議論する「政策形成」論と、その出口である政策の成果や結果を議論する「政策評価」論が、ともに自治体にとって重要であるという認識が広く自治体の実務家や地方政治家の間に共有されつつあることは、まことに隔世の感を強くします。こうした自治体政策論議を一層実りあるものしていくためにも、ここでいう「政策手法」について議論することが必要だと思います。

1-1 政策法務と政策手法

　分権改革を契機に、自治体議会でも自治立法としての条例制定に大きな関心が寄せられています。議会だけでなく執行部の職員の間でも「政策法務」などの条例論への関心はかつてなく高まっています。政策法務論議も花盛りです。私もこうした傾向を大歓迎する者の一人です。立法技術論を超えた実効ある政策法務の発展のためには、その前提に政策手法論がなければならないと思っています。なぜなら、条例や規則といった問題解決手法は、包括的な諸政策手法の総合的な検討過程（政策作成過程）を経て取捨選択されるべき、多様な政策手法の中の一類型に他ならないからです。裏返して言えば、条例化の効力を最大限引き出すことの出来る様々な政策手法の連携が不可欠だということです。

1-2 政策評価と政策手法

　政策評価についての関心も非常に高まってきました。政策評価は、われわれの業界でもここ数年たいへんなブームになっておりまして、これに触れないと時代遅れ

みたいに思われかねない状況です。もっとも最近は、ネコも杓子もというと語弊があるかもしれませんが、あんまりみんなが「政策評価」だ「行政評価」だと騒ぐものですから、もうすっかり食傷気味になっている専門家や実務家もいらっしゃるようです。ただ、こうしたブームの到来は、かつて1960年代末以降のアメリカがそうであったように、政策評価で「食える」人間を生み出し、構造不況の出版業界をそれなりに賑わし、政策シンクタンクの新しい産業分野を創出するなど、思わぬ波及効果をもたらしています。それはそれで社会的に意義のあることではないかと思います。

　しかし、その一方で、特に「政策評価」に率先して取り組んできた先進自治体でさえも、さらにアドバンストな評価段階に進む上での、ある種のボトルネックの解消に苦心しているように見受けられます。私は、このボトルネックを解消するために必要なブレイクスルーを政策手法論が提供できるのではないか、と思います。結論を先取りして言うと、自治体共通のボトルネックは予算要求と予算査定の道具としての「事務事業」の存在であり、それを解体し政策として再編成しない限り政策評価が成功する可能性は薄いのではないか。その解体と再編の道具建てが政策手法論だというわけです。既存の「事務事業」は、それに予算が付き、人が張り付き、組織の所管がはっきりしているという意味で、役所で唯一実体のある「政策」です。けれども、その遂行が政策の実施活動だと自覚されているわけでは必ずしもありません。つまり、「事務事業」は政策の実施手段だという自己認識を欠いているのです。ここにメスを入れることが必要です。

● なぜ「政策手法」に注目するのか？

1-3 ガバナンスと政策手法

　以上のようなミクロな視点からだけではなく、もっとマクロな視点からみた場合にも政策手法論の必要性を論じることができます。

　1970年代にはサミュエル・ハンチントンらによって民主政における「ガバナビリティ（統治可能性）の危機」が議論されました。政府への「過重負荷」、官僚制の重圧、「過剰民主主義」ないし民主主義の逆機能と市民の無責任。こうした民主主義のディレンマをテーマにしたシリアスな論争が交されたわけです。ところが、80年代の「小さな政府」をめざすDPM（規制緩和、民間化、市場化）の荒波を経て90年代に入ると、トーンが一転して、にわかに「ガバナンス」論が出てまいります。ガバナンスの意味するところは論者によって違いがありますが、イギリスの行政学者、R・A・W・ローズは"from government to governance"という巧みな表現で「統治」におけるパラダイム・シフトを言い表しています。ある自治体関係の専門誌のように「ガバナンス」を誌名に採用してそれを「共治」と訳すとか、協働やパートナーシップと平行してそれを使用するなどの傾向が、最近では一般的なようです。

　いずれにしても、従来型の福祉国家論にみられるように、「ガバメント」特に行政（官僚制）の繰り出すサービスによって公共問題の解決を図るべきだとする考え方が「ガバナビリティの危機」を増幅した一面があったことは否めないのではないでしょうか。しかし、その体制は財政的、経済的に破綻することになりました。

　また財政危機という面ばかりでなく、われわれの日常生活から企業活動に至る社会の隅々まで社会管理の官僚

制化が進むことによって、リスクを背負いながら自己責任によって問題解決を図っていく、本来自立的な人間の活力が侵食されてゆく。基本的に人間というのは、自立や自尊心がエネルギーの源泉にあるわけですけれども、行政が「大きなお世話」をしすぎるというようなことが日常的なシステムになってしまうと、行政に全部ゆだねてしまうほうが楽だという傾向を生み出す。そこから、社会の中での自律的問題解決能力が薄れてくるといったような現象、機能障害が出てきてしまう。企業活動においても政府の補助金や保護主義的な政策的庇護を過大に期待するとか、公共事業に過度に依存する地域経済構造ができてくるなど、いろいろな問題を生み出してきました。これはまさに「ガバナビリティの危機」状況なわけです。80年代から90年代にかけて、この危機状況はむしろ一層深刻化したようにも見えます。

　この間に、私たちは底知れない政治不信と行政不信を経験しました。80年代末から90年代の政治状況は実に暗澹たる有様でした。リクルート事件や東京佐川急便事件に端を発する中央政界を揺るがす汚職事件から、さらには故金丸信自民党副総裁の所得税脱税事件を頂点とするゼネコン疑惑へと、地方政界と地方行政を巻き込んだ腐敗と汚職は止まるところを知りませんでした。公共事業等の利権配分をめぐる政・官・業と地方の利益共同体、いわゆる鉄の三角同盟にがんじがらめにされた中央と地方の政策決定過程の硬直性と腐敗現象は、まさにここに極まれりといった状態でした。

　連日連夜、汚職事件の報道がされますと、小さな子どもたちの耳にもそれが届きます。当時まだ小学校に入ったばかりだったうちの娘が、ある日不思議そうに訊ねたことがありました。「おとうさん、どうしてオショクジ

ケンっていけないの？　だってデパートのレストランでも売ってるでしょ。」「・・・。それはね、ショッケンの濫用だからだよ」「？・・・」（笑い）

　ただ、70年代と違う今日の状況は、「成熟社会」へと移行したことの結果なのでしょうか、「社会の活力を再生するにはどうすればよいか」というポジティブな価値指向に立った「ガバナンス」論が出てきたということです。

　極限にまで達した政治不信と行政不信は、逆説的ですが今日のガバナンス論の隆盛に一役も二役も買っているのかもしれません。それにやはり、阪神・淡路大震災の大悲劇を、ボランティア活動などの自発的な市民活動の主導によって乗り切ったという、日本の市民社会の自信もガバナンス論に大いに寄与していると思います。それを制度的に後押しするNPO法（特定非営利活動促進法）なども、ともかく出来ました。

　かくして、公共問題を解決する主体（担い手）は、必ずしも行政だけではない。むしろ、民間あるいは市民との協働やパートナーシップによって解決していくべきであり、その方がより有効なのだという議論が出てくるわけです。これが今日のガバナンス論ということです。

　ところが、政策当局（行政）の側から見た場合には、このガバナンス論というのは、はたして手放しで喜べるのか。実はそうではないのではないか。むしろ「政策」はますます苦境に陥っていくことになりはしないか。これが政策や行政の側から見たガバナンス論の重大な論点です。先にローズが問題にしたのも、まさにこの点です。「ガバメントからガバナンスへ」というパラダイムシフトは、政府の分断化と民力のアップを前提としてはじめて成り立つものですが、それは言い換えれば、政策のコ

ントロール可能性が一層低下することを意味しているわけです。相互依存しながら独立性の高いアクターたちが多元的な政策過程に登場する政策ネットワーク状況を意味しているガバナンス状態は、いかなる政策的帰結をもたらすのか。ローズは「直線的な（linear）政策形成に代って曲がりくねった試行錯誤の連続（recursive）になる」。なぜなら、政策対応が予期しない結果を生み、政策の意図とその実施との齟齬が生まれ、政策は散らかった部屋のように乱雑な状態（policy mess）を余儀なくされるからだ、と指摘しています。

たとえば、介護保険事業の運営についてお考えください。介護保険法を所管する厚生労働省の政策コントロール可能性は、その保険者である市区町村の政策コントロール可能性に依存していますが、市区町村の政策コントロール可能性もまた民間事業者の活動の成否に依存しています。さらに、民間サービスの品質は、ヘルパーなどの現場サービス提供者と利用者とケアマネジャーとの相互作用の質によって直接左右されます。介護サービスの提供が介護の社会化による「自立支援」ないし「寝たきりゼロ」という政策の目的と目標の実現に貢献しているか否か、あるいはどの程度貢献しているか。政策当局としての厚生労働省や市区町村は、事務事業の運営過程を介して、繰り返しその検証を行う必要があります。これが政策の有効性の評価ということです。しかし、実際に政策効果をあげ、それを検証することは、おそらく至難の業です。単なる制度の手続き的運用という自動機械的な行政対応では到底無理です。それだからこそ政策目的を実現するための戦略と、個々の変化する状況や局面に応じた柔軟で適切な政策運営の戦術が必要となるはずです。

こうなると、その第一線のところで問題解決にあたる現場の政策手法の運用が非常に大切になってきます。しかも、政策的な働きかけ（政策介入）の相手（名宛人）は、営利、非営利の民間団体であり、市民であるわけですから、その行動を誘発する動機や需要をきめ細かく、かつリアルに把握した上で、最も効果的な政策対応の手段を選択できなければなりません。「人を見て法を説く」ような機転の良さも求められるでしょう。ここに政策手法論の重要性が生まれます。

　要するに、ガバナンス論の盛り上がりは、政策当局あるいは行政にとって二律背反的といいますか、アンビヴァレントな状況をもたらしているのです。一方において政策をめぐる協働の条件がうまく働けば中長期的には政策の実現可能性を高めますが、他方において状況の不確実性も高まり政策のコントロールが一層困難になりかねません。こうしたアンビヴァレントな状況こそ、いまなぜ政策評価が注目されるかを説明する本質的な理由ではないでしょうか。日常的な仕事の作法の中に政策評価をビルトインし、その結果をフィードバックしながら、より有効で効率的な政策手法の選択を行うという政策経営の時代に入ったのです。

2 政策をどうとらえるか？

　ところで、「政策手法」とは何かという疑問がますます膨らんだかもしれません。が、その説明に入る前に、そもそも「政策」をどうとらえたらよいか、という点を考えてみたいと思います。

　私の話は「回りくどい」といつも同僚のE氏から揶揄されるのですが、「回りくどい」のと「くどい」とはまるで違う。「くどい」のは同じことを何回も繰り返すことだが、「回りくどい」のは本論に入るまでの話の道筋が紆余曲折していて長いだけだ、などとごまかしています。気が付くといつの間にか「回りくどく」なっていますので、どうかご容赦ください。もっとも、くだんのE氏が言うには、「日高さんの回りくどい話は最後まで聞けば納得できなくもないけど、最後まで聞く前に寝てしまう人が多いから、結局、みんなよくわかんないんだよね。」（笑い）

　さて、「政策」の定義は、実にいろいろな説明があり「百花繚乱」と言いますか、人によって内容が違うという意味では「十人十色」と言いますか、とにかくバラエティーに富んでいます。政策研究に詳しいわが国の政治学者山川雄巳でも、「政策」の常識的概念、経営学的概念、そして政治学的概念を順次検討した結果、「政策概念の多様性を率直に認めなければならない」と告白しています。その上で、公共政策について「政府行動の目標と方法についての計画的なガイドライン」であるという自らの定義を示しました。

　結局、定義の問題は、どれが正しいとか誤っていると

かいう問題ではなくて、何を明らかにするための定義であるか、それによって何がどう明らかにできるか、という概念の有意性（relevancy）の問題だろうと思います。ある用途のためには有意な定義も、別の用途のためには有意でないだけでなく有害になる場合もあります。ここでは机上の空論を展開するつもりはまったくありませんけれども、その辺の前提条件をよく見極めたうえで議論をすることが実りある結果を招くのではないかと思います。

　初歩的なことをプロの皆さんの前でお話するのは「釈迦に説法」なのですが、自らの頭の中を整理する意味で、私なりに「政策」のとらえ方をお話したいと思います。

　ここに2001年6月25日付の日本経済新聞の切抜き（図表1）があります。

　地方分権委員会がようやく活動を終えて最終報告をいたしました。小泉純一郎首相の誕生によって「構造改革・骨太の改革」が政策課題に取り上げられ、その改革の柱の一つに地方税源の移譲問題や地方交付税の見直しなど、「未完の分権改革」を完結させるための不可欠の宿題になっていた部分の実行が、にわかに現実味を帯びてまいりました。いよいよ分権改革の第二ラウンドが始まる。この最終報告にはそうした期待感がみなぎっている気がいたします。

　このようなことになってきますと、ますます本格的な地域の自立、自己責任といったようなことについて議論をしていかなければならない。その際のキーワードは、地域づくりの知恵袋としての「政策」です。政策による地域公共問題の解決を図るということです。

図表1　地方分権推進委員会の最終報告（日本経済新聞2001年6月25日付）

2-1 独立変数としての政策

　さてそこで「政策とは何か」ということですが、私は当面、図表2のように「政策とは社会システムをコントロールする手段である」という面を強調しておきたい。これは「政策」を「社会」との関係で「独立変数」とみなす考え方を強調した定義です。いうまでもなく、独立変数というのは「従属変数」の対概念で、『広辞苑』によれば「ある変数が他の変数とは無関係に独立に自由に変化し得るとき、その変数を独立変数という。」と書いてあります。要は、政策が社会に対して一定の「自律性」を持っているということです。

　これは当たり前のようでもあり、また不当なようでもあります。不当というのは、考え方によっては政策は社会の「従属変数」でなければならないはずだからです。「独立変数としての政策」を文字通りに解せば、社会と無関係に独立して自由に変えられる政策ということになります。これでは、そもそも民主主義の原理に反することになりかねません。政策は、社会の要求や支持を束ねてこそ存在価値があり、また「正統性」が得られるのだ。それを否定すれば、議会や議員の存在も否定することになるのではないか。これには反論の余地がありません。まったくそのとおりです。ただ、ここで強調したいことは、民主主義の原理や価値観を否定するものではまったくないどころか、むしろ当然のことを大前提とした上で、敢えて政策の「自律性」にスポットを当てようということに過ぎません。

　なぜかと言いますと、住民の意見や要望にまったく耳を傾けないのももちろん問題ですが、それと同じくらい問題なのは、「政策」を御用聞きの手段だと誤解してい

図表2　社会システムをコントロールする手段としての政策

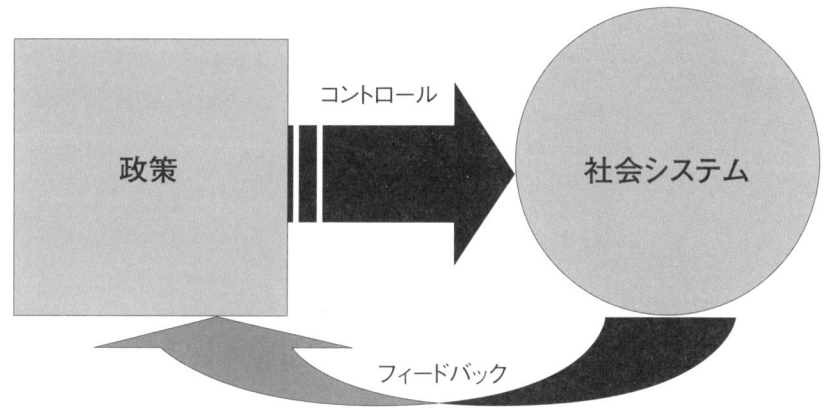

〈政策〉とは、政治・行政過程を通して社会システムをコントロール（制御）する手段

る向きがあることです。かつて埼玉県庄和町の故神谷尚町長は、行政哲学を持たない「御用聞き行政」は二流、三流の行政だと喝破しました。御用聞き行政の最大の問題点は、住民をいつまで経ってもサービスの「受益者」に押し込め、自律的市民の形成を妨げることにあります。今日的な言い方でいえば、ガバナンスの視点が欠けているということでしょう。「ふるさと創生」以降、特に旧自治省の地域総合整備債制度による誘導が始まってからの自治体の単独事業には、独創的で地域密着型の事業が各段に増えた反面、従来の国県依存に代る「住民丸投げ」「コンサル丸投げ」の事業決定スタイルも増えた印象を持ちます。「住民要望が強い」という理由で、たとえば政策の不明な公営温泉事業やハコモノ建設などがあちこちで着手される。こうした事例の中には、何のための政策であるかが不問に付されたまま、「手段」としての事業が独り歩きするケースが少なくありません。言い換

れば、政策の自律性の欠如は、集権時代とまったく変わっていない場合も多いわけです。

こうした平均的自治体における現状を踏まえた上で自治体政策のあるべき姿を考えるとすれば、政策を社会の従属変数と見る面を強調するよりも、むしろ政策の自律性を強調できる独立変数論の立場をとるほうが実り多い、と私が考える理由がご理解いただけるのではないでしょうか。

2-2 社会システムをコントロールする手段としての政策

さて、図表２の説明に戻りましょう。ここで「社会システム」というのは、私たちが日常生活をしている経済社会や地域社会であり、その中で教育、高齢化、環境などのいろいろな問題を抱えている日常の場のことです。ここで起きている社会問題の中から取り上げられる公共的な対応の必要な諸問題（地域公共問題）に対して、より良い方向への解決に向けて、あるいは、より悪い方向を回避すべく、「社会システムをコントロールする」役目、手段が「政策」だというわけです。

社会システムというものがあって、一方に政策というものがある。政策は、社会システムに対して、いろいろな働きかけ（政策介入）を行っていく。超高齢社会の介護問題に対応するため介護保険制度を作り、自治体が事業計画を立てて具体的に制度運営をしていくというようなことです。自治体の立場で考えますと、介護保険法というマクロ的な観点から制定された全国共通政策の大枠の中で、それぞれの地域社会の特性や課題を考慮し尽くした独自の「介護保険事業計画」を策定できるか否か、独立変数としての「政策」の持ち味の発揮しどころにな

ります。国との関係で言えば、介護保険事業は市区町村の自治事務ですから、各市区町村に一定の独自性、自律性を理論上容認しています。そのことを市区町村がどのように認識しているかという問題でもあります。

　もちろん、事はそう単純ではないでしょう。全国共通制度ですから、各保険者が何でも勝手に決めてやっても良いというわけには行きません。制度の公平さとサービスの品質を保つための標準化と専門化が必要なことも当然です。しかしそうであるからこそ、こうした全国的な標準化・専門化の達成と、地域の特性や固有の課題への独自の多様な対応の実現との、一見すると相容れないように思われる二つの要請を同時に満たす事のできるような、自治体独自の創意工夫やブレイクスルーが必要になります。申請主義に立つ「待ちの行政」の伝統を打ち破り、寸劇やビデオ、出前講座、インターネットなど考えられる多様な媒体を使った介護保険制度の積極的能動的な広報活動が行われたり、第一次介護認定における要介護度ランクが「寝たきり」に比べて「痴呆症」は低く判定されるバイアスの問題に対して一部の自治体で独自の工夫がされたり、民間事業者のサービス向上をめざす協議会や情報支援システムを整備したり、利用者本位の事業運営が行なわれているかをチェックするための独自の苦情相談窓口や施設巡回相談員を設けたりするような例があります。

　それに対して社会の側から、その政策のよしあしや、不都合・不具合をめぐって、いろいろな苦情や要求や改善の要望が生まれてくる。これがフィードバックです。この「フィードバック」の流れは、矢印が「社会システム」から「政策」に向かっていますから、この部分だけを取り上げれば、政策を社会の「従属変数」と捉えるこ

とになります。矛盾しているね、と言われるかもしれません。しかし、思考のスタート地点に「政策」を置くという意味で独立変数の面を力説しているのでありまして、そのフィードバックを軽視しているわけではまったくないのです。むしろ、政策の自律性を強調するからこそ、それが「独善性」に陥らずに社会システムのコントロール手段として適切に機能しえているか否かを検証するためのフィードバックも力説できるといえます。

こうして政策と社会が相互にやり取りをしていく。その中で社会システムをより望ましい方向に誘導してゆく、あるいはより悪い状況が起きないようにそれを予防していく、といった意味でのコントロールが政策の役目です。ちなみに、「コントロール」とは、統制するとか無理やり言うことをきかせるという狭い意味ではなく、社会システムを「制御」するという程度の意味です。というわけで、「政策とは、政治行政過程を通して、社会システムをコントロール（制御）する手段である。」と理解するのがいいのではないかと思います。

2-3 政策の形成と実施のシステム

次に、もう少し具体的に政策システムを考えていくことにします。

社会システムをコントロールする手段であると言っても、その政策のレベルはいろいろです。政治家の公約や政党の綱領、議会内会派の協定のような政治レベルの政策から、行政部局内の事務事業のような行政レベルの政策まで、実に多様です。ですが、ここでは敢えて事務事業レベルの政策にフォーカスを当ててみたいと思います。なかには「事務事業は政策ではない」とお考えの方

もいらっしゃるでしょうが、それは後で触れることにして、当面、事務事業を最も具体的な手段レベルの政策だと理解して先に進めてまいります。

図表3は、事務事業レベルで政策システムを描いたものです。

図表3　事務事業の企画実施と政策形成は、どんな関係にあるの？

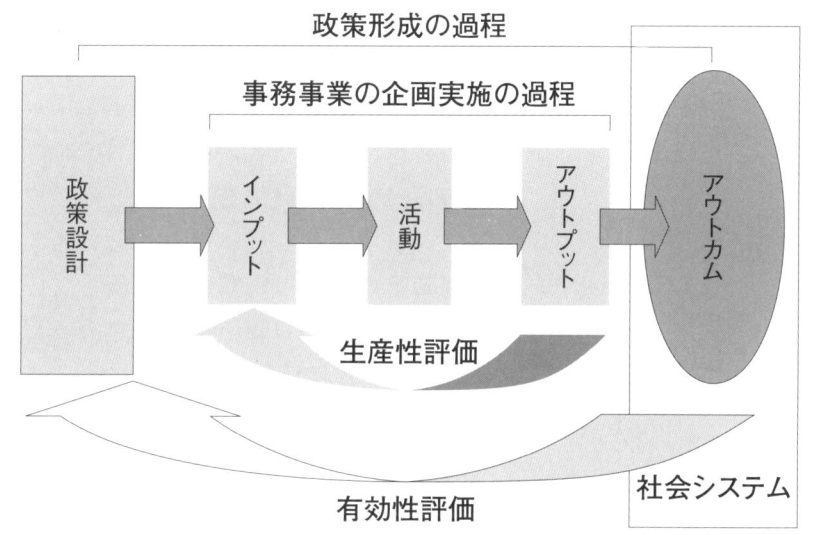

役所の中で、実際に「社会システムをコントロール」しようとする際に用いられる手段が、ここでいう「事務事業」です。事務事業は、法令や条例・規則、計画、予算などの何らかの権威的裏づけを持ち、一定の予算措置や人員の配置がなされ、それを所管する組織や担当者が決まっています。すなわち具体的な「インプット」要素が備わっています。事務事業の立案や見直しという場合の第一の仕事は、このインプット（予算、人員、設備等）

を確保したり、それを節約したりすることです。次に、具体的な「アウトプット」の設計や評価が必要です。どんな業務成果を上げるべきか、あるいは実際にどの程度の業務成果が上がったか、ということです。さらに、これらのインプットをアウトプットに「変換」するための効果的、能率的な業務活動の「プロセス」を設計したり評価したりする必要があります。組織編成、サービス提供の手続き、利用者や市民の参加手続き、苦情処理などです。

　たとえば、市立図書館の管理運営事業についてみると、司書その他の職員、予算、蔵書、施設などのインプットを使って、利用者の読書や調査研究の各種相談やレファレンスに応じ、図書等の予約や貸出をするなどのアウトプットを生み出しています。そして、どれくらいのインプット量でどの程度のアウトプット量を生み出しているかという問題意識でフィードバック（事務事業改善にアプローチ）するのが、「生産性評価」の観点です。こうした生産性評価の視点は、営利企業の活動はもちろんですが、行政活動でもNPO活動やボランティア活動でも、何らかの事業経営や組織運営を行う場合、欠かすことの出来ないものです。

　ところが、これだけでは単なる事務事業の企画・実施システムに過ぎません。

　やや話が飛びますが、「政策評価」と従来型の「事務事業の見直し」との根本的な違いは何かというと、従来型の事務事業見直しは、もっぱらこの「生産性評価」という枠内だけで行われてきたことです。それも、本来の意味での「生産性評価」の観点からみても相当程遠い、むしろ「節約」とか「一律削減」といった「インプット」要素の操作が中心であったといえます。ひどいのになる

と鉛筆やボールペンを何本節約したとか、新聞を三つ取っていたのを一つに減らしたというようなレベルで「事務事業の見直し」をしたというような話が出てまいります。これは「金があるときは金を増やして解決し、金がなくなると金を減らして解決する」という悪しき財政課的発想、「インプット中心主義」の裏返しに過ぎません。しかし最も肝心な「社会システムをコントロールする手段としての政策」として、「何のための政策か」「財政の投資効果はどうだ」といった政策評価の視点と結びついていたかというと、どうもそうではなかったところに最大の問題があったと思います。

　IT時代の生涯学習社会を迎えて、国家・行政主導の「社会教育の終焉」が指摘されたり、公立図書館の「ミッション」をめぐる危機が議論されたりしている中で、市区町村の公立図書館は、いま改めて、その政策の目的体系を再検討し、その任務について広く市民的な議論を行うべき時にあるのではないかと思います。また、分権改革は、必置規制緩和などの行政態勢の面からだけでなく、公立図書館の目的や任務（ミッション）の面でも一層の多様化をもたらさずにはすまないのではないかと思います。

　このように問題を立てるとき、日常的な行政ルーチンとしての事務事業システムの枠内では「解」を得ることができなくなります。そこで、「公立図書館は地域社会のいかなる公共問題の解決にどのように貢献をしているのだろうか」という疑問が生じ、この設問への答え方（解）を新たに探索しなければならなくなります。

　もちろん、特に町村部の大半は公立図書館を持っていないという現実があり、都市と農村でサービスの偏在があることも確かです。その意味で、農村部の啓蒙的図書

●政策をどうとらえるか？

館事業の意義はまだ消滅したわけではないでしょう。しかし、都市部の公立図書館に対する市民の需要やニーズは大きく変化しつつあることも確かではないでしょうか。

たとえば、IT化や図書館相互協力、図書宅配サービスなどの充実によって、かつて盛況だった移動図書館は利用者が減り廃止されたり縮小されたりしています。しかしその一方で、環境問題や男女共同参画問題などへの市民の関心は一層高まり、特定テーマについての学習の関心や意欲も強くなっているように思います。新たな潜在的図書館利用ニーズが発生していると思われます。これに対して、組織としての図書館はどのような対応をしているでしょうか。こうした市政の重要課題は、それぞれ役所内の所管が違い、いろいろなセクションでそれぞれの取り組みがされています。最近では、出前講座とか、シンポジウムや講演会、研修会などの市民の学習教育機会もふんだんに用意され、それを各セクションがばらばらに行っています。図書館はそれらに対して、図書館としてできる「貢献」をしているのでしょうか。事業担当課の解決したい政策課題に関連する調査研究資料や図書、情報の収集や提供が、市民に対してタイムリーに行えているのでしょうか。学習会のテーマに関連する蔵書リストを提供したりレファレンスの「移動」サービスを行うなどの工夫はいくらでもできそうです。

また別の例を考えてみます。深刻化する少子化社会の問題が取り沙汰されます。社会の人口構造が大きく変化しつつあるわけです。図書館として少子化への対応に取り組む余地はないのでしょうか。比較的大きな都市の市立図書館は、中央館のほかにいくつもの分館（地域館）をもっているところも少なくありません。その中の一つ

や二つは、乳幼児専用のこども図書館としてリニューアルしてもよい気がします。従来の「社会教育機関」としての公立図書館は、法律上は「一般公衆」に奉仕することになっているものの、その主なターゲットを「成人」に限定してきたきらいがあります。そのため、乳幼児が親と一緒に絵本などに親しむ「場」としては、図書館は最も不向きな構造と機能を備えています。伝統的な図書館での作法は、「騒いではいけません」「静かにしなさい」「本を乱暴に扱ってはいけません」・・・の禁じ手だらけの「大人世界のルール」です。これでは小さな子どもたちが「本に親しむ」わけがありません。全世界で1億3千万部以上が売れたというJ・K・ローリングの『ハリー・ポッター』シリーズを引き合いに出すまでもなく、子どもたちにとって、「本との出会い」はエキサイティングな「未知との遭遇」であり、五感全体を使ってハラハラドキドキの気持ちを発散したい自己表現の場です。それこそが「ホントの出会い」なんですね。(笑い) であるとすれば、子どもたちの自己表現の場という視点から図書館の構造と機能を徹底してリニューアルした「こども図書館」が、自治体にももっと普及すべきではないかと思います。いかがでしょうか。

　いずれにしましても、事務事業システムを単なる行政ルーチンだと考えるのではなく、それによって「政策」を実現する手段であると位置づけることによって、単なる事務事業から「政策システム」に「なる」ということを申し上げたいわけです。事務事業が「政策になる」ためのミニマムの条件が、図表3に示したように「アウトカム」の視点と「政策設計」の視点の二つに他なりません。

　第一の必須条件である「アウトカム」とは、政策の「社

会的成果」あるいは「問題解決度」を表す用語で、事務事業の「業務成果」を意味する「アウトプット」とは、理論上区別して用います。図書館サービスのアウトプットは、図書の貸出件数とかレファレンス件数などの指標で測定可能な業務量として表される中間的な成果です。それによって市民サイドのサービス利用状況を推察できますが、だからといってそれが「社会システムをコントロールする手段」として「どれくらい問題解決に貢献できたか」を表しているわけではありません。市民側から見れば、「行政サイドがどれくらい一生懸命仕事したかはわかるけれど、それがどうしたの？」ということになる。これがアウトプットの限界です。そこで政策の効果を測定・評価する理論的な概念である「アウトカム」が必要になります。この考え方はかなり急速に受け容れられつつありますが、裏返して言えば、これまでの行政にアウトカムの視点がいかに希薄だったかを物語っています。

　事務事業の実施活動の場合にも、政策の視点で、それが社会システムあるいは住民に対してどう貢献できたのかを明確にしていくことが求められます。そこを明確にして初めて、事務事業が政策となり、そして事務事業の政策としての評価が成り立つのだといえます。政策の目標の達成度を「有効性評価」と呼んでいます。事務事業においても、先ほどの「生産性評価」に加えて、この「有効性評価」が働かないと、政策評価につながらないわけです。この辺の詳細な議論は私の『自治体職員と考える政策研究』をご参照ください。

　政策になるための第二の必須条件は、この図表の左側にあるような「政策設計」のシステムです。ある政策なり事務事業なりの「アウトカム」が何であるかは、その

図表4　政策の構成要素

		内　容（説明）	例
政策の構造	目的セット	意図（最終的に達成したい結果の意図）	ごみ減量化による循環型社会の実現
		目標（具体的な達成水準、基準）	抑制、再利用、リサイクルによるごみゼロの達成
		対象（ターゲット集団、対象事象）	家庭と事業所から出る一般廃棄物
		介入の基本方針（直接関与／民間化／協働）	行政、市民、事業者による協働
	手段セット	政策手法（対象に働きかける具体的道具）	デポジット条例、ごみ有料化、出前講座
		リソース（権限、人、もの・金、情報）	罰則、人材育成、予算、不法投棄監視システム
		実施体制（組織体制と組織間関係）	ごみを減らす課、民間委託、市民協議会
		手続き（権限行使の手続、参加手続、処理手順）	指定ごみ袋の購入手続き

政策や事務事業の存在自体から論理必然的に導き出されるものではありません。その政策によって意思決定者がどのような結果の状態を意図しているかを明示した「目的」があって初めて「アウトカム」が定義できると思います。（ちなみに、ここでは政策の意図する「社会的成果」を意味する「アウトカム」と、社会システムに対して政策が及ぼしうる意図せざる正負の影響を意味する「インパクト」とは概念上区別しています。）

ここでもう少し具体的に「政策設計」システムの中核的構成要素である「目的セット」についてお話しておきたいと思います。みなさんが議会で行政サイドの政策について質問したり追及したりするときに、是非とも視野に入れていただきたいのが、この「目的セット」の点検です。これは自治体の中に汎く政策形成風土や政策評価風土を醸成していく際に非常に重要なポイントだと考えています。

政策の論理的な構成要素として、図表4のような「目的セット」と「手段セット」の体系を、私は想定してい

ます。「目的セット」とは「政策設計」のコアを形成している広義の「目的」を構成する諸変数の組み合わせです。①「意図」とは、狭義の「目的」のことで、政策によって達成しようと意図している結果の状態（政策の意図）を意味します。②「対象」とは政策介入のターゲットとなる集団、地域、事象です。③「目標」とは特定の対象に対する意図の実現の状態を操作的に定義（数値的に表現）した基準ないし水準を明示するものです。④「介入の基本方針」とは、政策介入の範囲や形態のことで、いわゆる行政の守備範囲基準や協働の基準を意味します。

　要するに、「何のための政策か」「誰のための政策か」「どこまでやる政策か」「誰がどこまで責任を負う政策か」といった政策の基本フレームを定義する基本設計が、ここでいう「目的セット」ということになります。有機体に譬えれば「頭脳」に相当する部分だといえるでしょう。この「目的セット」が欠落したり時代遅れになったり現実とそぐわない場合には、脳からの指令と関係なく「手足」が勝手に動き回り「手段セット」を統制できなくなります。近年批判されることの多い干拓やダム、道路などの公共事業のように、いわゆる「本末転倒」現象や「目的置換」現象が生まれることになります。政策評価の第一義的なねらいも、この「目的セット」を明らかにし、その観点からアウトプットやアウトカムを評価することだと思います。

　以上のように、一方では「政策設計」システム、他方では「アウトカム」システムが車の両輪のようにかみ合うことによって、事務事業ははじめて「政策になる」ことができます。

　ポリシーメーカーとしての議会の立場から言えば、事

務事業を「政策にする」ための監視機能が議会の役割だとも言えるわけです。議会で目的セットに関する政策設計の議論をきちんとしていただく。これが先の図表3に表した事務事業に「政策形成過程」を組み込む方法の一つです。従来この外側のシステムが十分に組み込まれていなかったために、事務事業が目的を見失って「漂流」する事態が生まれているのではないかと思います。

2-4 政策の階層性──事務事業も政策だ！

「政策とは何だろうか」という話に戻ります。

従来からよく使われる政策イメージに、図表5の左側にあるようなピラミッドの頂点に「政策」を配し、それを「施策」と「事務事業」とにブレイクダウンした「政

図表5　事務事業も「政策」だ！

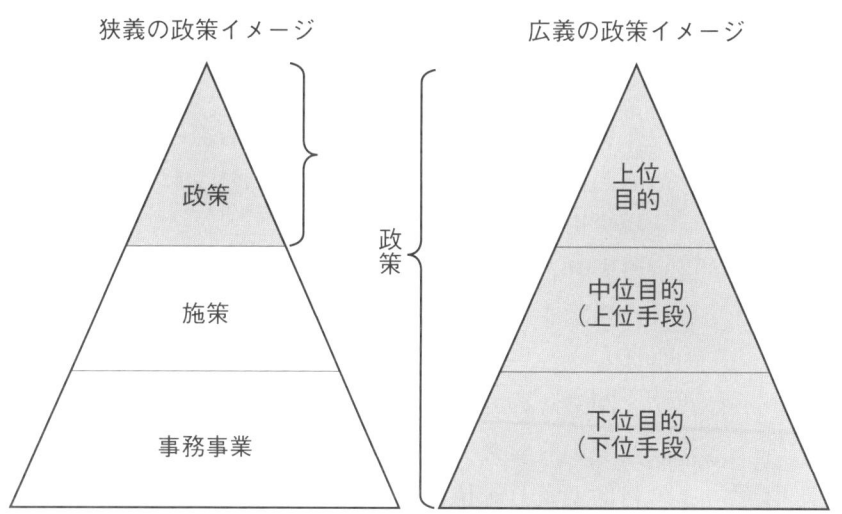

策・施策・事務事業の三層構造」モデルがあります。このモデルが自治体の実務界に広く定着するようになったきっかけは、1969（昭和44）年の自治法改正で市町村に基本構想策定の義務づけがなされたあたりではないかと推察します。当時の自治省などの研究会では、アメリカのPPBSなどの考え方にも影響されて〈基本構想―基本計画―実施計画〉という総合計画の三層構造論が提案されています。この体系は、それなりに実務に定着していますし、直感的にも「政策」を理解しやすい反面、理論的、実際的な欠点もあります。

　第一に、政策を狭く捉え過ぎるきらいがあります。極論を言えば、「政策」が組織のトップ、市長や議会や幹部職員だけの専管事項であるかのような形式的な理解を助長します。確かに、政策の最終意思決定権者が誰であるかという公式権限論から言えばそのとおりなのですが、政策過程の実態を反映した認識ではありません。第二に、その裏返しに過ぎませんが、「政策」をこのように狭く考えますと、とりわけ事務事業は単なる実施レベルの機械的な手段であるかのような誤解が生まれかねません。ところが、現実はそうではなく、事務事業レベルこそが実際問題の解決をしていく最前線の政策（手段）であるわけです。

　三層構造論も本来はそういう意図なのですが、どうも俗論の影響で誤解されやすい。したがって、私は〈政策〉という用語を三層構造論でいう〈政策・施策・事務事業〉の全体をカバーする広義の政策の意味で捉えたいと思います。図表5の右側に示したように、ピラミッドの全体が政策という考え方でカバーできるものであって、単にその目的がより上位か下位か、目的に対する手段の関係をどのレベルで捉えているかという、レベルの違いに異

なる用語を割当てているだけのことです。目的・手段の連鎖構造の全体が政策であると考えた方が、政策の本質についての誤解が少ないのではないかと思われます。その上で、実務の便宜上、従来のとおり、最上位の目的体系を「政策」と呼び、中位の目的体系（最上位目的に対する中位手段レベル）を「施策」と呼び、そして下位の目的体系（中位目的に対する最下位手段レベル）を「事務事業」と呼ぶことは、一向に差し支えないのではないかと考えます。ただ、広義の政策の立場から見ますと、明らかに「事務事業も政策だ！」ということになるわけです。

2-5 「政策」や「施策」は実在するか？

さて、次のような設問をすると、どのようにお答えになりますか。

いま「事務事業も政策だ」ということを申し上げましたが、逆に「いわゆる政策や施策といわれるものは、本当に実在するのですか？」

現状においていわゆる〈政策・施策・事務事業〉という政策体系があります。自治体でも政策評価システムの導入が始まっています。その多くは「事務事業評価」といわれるものですね。さらにそれを将来、いわゆる「施策評価」や「政策評価」につなげていきたいと言われます。その際の「施策や政策と言っているものは本当に実在するものなのですか？」というのが、この設問の意味です。

結論から言いますと、「政策」とか「施策」と言われているものは、多くの場合、実在していないのではないだろうか、と私は疑っているわけです。もちろん、アメ

リカの政治学者チャールズ・ジョーンズがかつて指摘したことがあるように、そもそも「政策」とは「理論的構築物（theoretical construct）」であり行動を導く「理論仮説」に過ぎないのですから、実施と評価を通してしか実在が検証され得ないものであるのですが、ここで言っているのはそういう一般論的な意味合いだけではなく、実際的ないし実務的にも、本当に首尾一貫した客観的なステートメントとしての「理論的構築物」が実在しているのでしょうか、という疑問です。

　これに対して、直ちに「総合計画」こそまさに「政策」や「施策」のステートメントだという答えが返ってくるでしょう。しかし、本当にそうであるのならば、いわゆる「事務事業評価」の評価表を〈目的〉や〈成果〉の観点から記載する現場の作業がかくも難航するのは何故でしょうか？　担当レベルで事務事業の目的を文章として客観化しようとすると、なかなかそれがうまく表現できない。事業目的の代わりに事業の概要を書いて平然としている。そういう実態があります。「政策」「施策」「事務事業」の目的手段体系が本当に実在しているのであれば、最下位の手段レベルの評価もそれほど難航するとは思えないわけです。

　政策評価システムの導入が明らかにした最大の「成果」は、実は多くの場合、「政策」や「施策」が期待されたほど機能していないのではないか、あるいはそれどころか、「政策」や「施策」は実在していないのではないか、と疑われるような実態が明らかになったことにあるのかもしれないと思います。

　むしろ政策を「いかに実在させるか」ということが本来の課題であるにも関わらず、あたかもそれがすでに実在しているかのように思い違いをしてしまっているとこ

ろに、本当の隘路があるのではないか。非常に機械的、技術論的に「政策評価」を進め、結果的に有意味な自治体改革につながらなくなっている原因ではないかと思っています。暗に、首長や議会はこれまで何をやってきたのか、とも言っているわけですから、これはちょっと挑発的すぎる言い方かもしれませんが。

　一方、事務事業は、明らかに実在します。なぜなら、事務事業には、条例や要綱、計画などの存在根拠があり、その所管組織と担当者がいて、しかも予算がついています。職員はそれで飯を食っています。その意味で、現状ではこの事務事業こそが「役所の生命線」です。

　何を申し上げたいのかと言いますと、まさにこの事務事業システムのあり方そのものにメスを入れないと、政策評価は実りある自治体改革につながらないのではないか、ということです。

　今日の「事務事業評価」の対象は、たいがい予算の要求と査定の単位としての「予算事業」です。これはそもそも集権的な財政管理の必要から伝統的に区分されてきたカテゴリーですから、それがそのままの形で「政策評価」の単位として最適なわけではありません。

　たとえば、「身体障害者援護事業」というような区分ですと、ターゲットが共通というだけで、その中には性格の違う小事業が何十本も入っていたりします。そうかと思えば、民間団体に対する年間50万円ぐらいにしかならないような補助事業も一個の独立した「事務事業」になっていたりします。また、予算事業の観点からのみ評価が行われると、条例や要綱などによる規制や指導などの「事務」の評価が見落とされる危険性もあります。ともあれ、政策の観点からの根本的な再編成が行われずに、現行の予算編成過程がそのまま事務事業評価のベースに

置かれているというのが現状ではないかと思いますが、それを現状のままにしておいて、果たして目的志向と成果志向に立った市民本位の政策による行政運営を変えていくことができるのだろうか。大変大きな疑問を感じているところであります。

　「事務事業とは何であるべきなのか」「それを政策や施策にどうつなげていくべきか」ということを考えていく必要があるのではないだろうかということです。

③ 政策手法論の重要性

　さて、「回りくどく」話をしてきましたが、ようやく本論にたどり着きそうです。

　事務事業が「政策になる」あるいはそれを「政策にする」ためには、それが首尾一貫した政策体系における第一線の政策手段であるとの自己認識を高めることが必要不可欠です。これには二つのルートからのアプローチが必要です。一方のルートはトップダウンからの「政策体系」の再編成です。これは総合計画のリニューアルの機会などに、論理的に首尾一貫した政策の目的手段の体系を再構築することです。その際に重要なことは、それぞれの目的レベルで、あるべき政策の目的セット（意図、対象、目標）を明確にする努力を行い、その実現手段である手段セットとの合目的性を説明できるようにすることです。たとえば松戸市でそういう試みがされています。もう一つのルートはボトムアップからのアプローチです。第一線の政策手段である「事務事業」を政策手法論の観点から再編成することです。

　この二つのルートの合流する「接合面」が、「施策」あるいは「プログラム」といわれる中位目的レベルの政策です。ただし、ここで施策と呼んでいるのは、現状の総合計画における「施策」レベルとは必ずしも同じではありません。現状の「施策」は、たとえば「さわやかな生活環境づくり」のように単なるスローガンに過ぎず、政策としての目的セットを持たない場合も少なくありません。ですから、たとえば三重県でも、「個別予算事業」を一定の「目的」によって束ねた「基本事務事業」とい

う独自の評価単位を設定されていますよね。このように、総合計画のいわゆる「施策」と「事務事業」との「中間」に位置するような中位目的レベルで、目的の共通性と手段の体系性が確保でき、社会システムをコントロールする上で一つの意味のあるまとまりを持った政策の中間レベルを、ここでいう施策レベルと考えたいと思います。たとえば、水環境保全施策とかごみ減量化施策などのレベルが考えられます。青少年の非行防止施策のように多くのセクションにまたがる場合もありますが、実際には課または係レベルの組織単位によって所管されている場合も多いのではないでしょうか。こういう意味のある施策に再編成することを「プログラム化」とよぶことにします。

この「プログラム化」を行なう際に有用だと思われるものが政策手法論だというわけです。

3-1 政策手法の理論

そこで「政策手法とは何をさすか」ということですが、大別して二つの考え方があります。第一のタイプは、政府や自治体がとりうる政策選択のすべての方法を「政策手法」として大括りにする考え方です。これに従えば、市場や市民生活への政府の介入を必要最小限にして、社会問題解決のエネルギーを市場や市民の自律性に委ねようという規制緩和や市民自治ルールへの方向転換（プライバタイゼーションやエンパワーメント）も「政策手法」ということになります。PFIとか市民との協働といったような方法論は、こうした大括りの考え方でとらえた具体的手法です。

もう一つのタイプは、もっと限定的に「政策手法」を

捉える考え方です。規制緩和であれ市民との協働であれ、そういう哲学や基本スタンスで公共問題解決に取り組む方向がすでに選択された後に、では具体的に現場でどんな道具建てを用意して実行したらよいか。そういう場面で使われる手法を「政策手法（policy instruments）」と捉えます。

　前者が戦略手法だとすると、後者は戦術手法といえるかもしれません。この両者は実は非常に密接につながっているのですが、今日の話題の中心は、後者の戦術としての「政策手法」におきます。以下、「政策手法」と言うときは、すべて戦術レベルの意思決定を想定した手法に限定して使います。

3-2　政策手法の三類型

　政策手法の実際は無数に考えられますが、三つの類型に分けて考えると理解しやすいだけでなく実践的にも有用だと思います。図表6に掲げたように、規制手法、経済手法、情報手法の三類型です。この三類型論の特徴は、人々が「公共行動」をとりうる動機の違いによって類型化している点です。

　この三類型は、「政策手法」などと大上段に振りかぶらなくても、家庭で子育てをやっているときによく使う手ですね。子どもが親の言うことをなかなか聞かないときには、たまに「拳骨」を食らわしてやります。これは規制手法の一種です。しかし、いつもいつも「拳骨」が威力を発揮できるとは限りません。そこで「お利巧にしてたら、こんどディズニーランドに連れて行ってあげるね」といって「プレゼント」をちらつかせます。いわゆる「アメ」です。逆に、「そんなにゲームばかりやって

るんじゃ、お小遣いは減らしますからね」といって脅しをかけたりもします。これらは経済手法の一種ですね。でも、子どもが成長してだんだんと自立するようになると弁も立つようになります。そこで時には「情」に訴え時には「理」を諭しながら、子を説得しようとします。これが情報手法です。

　要するに、政策手法の三類型とはこの「アメとムチと説教」の三本柱でできているのです。規制手法は、合法的ルールからの逸脱に対して課される罰則を回避しようという動機を前提として成り立っています。経済手法は、公共領域でも市場と同じように損得勘定（経済計算）の動機が働くことを前提にしています。情報手法は、論理的・倫理的説得によって人々の認識や倫理観が変わり、それによって行動も変わりうること、つまり「話せば分かるはずだ」という確信を前提にしています。「人を動かす」ためには、人々の行動を支える動機にフィットした行動の操作が不可欠になります。政策というのは、結局は「人を動かす」ことでしか、その効果をあげることはできません。「社会システムをコントロールする」というのは、人間集団への働きかけを通してしか実現できないわけです。人々の動機と選択される手法がうまくかみ合えば、その手法によって政策の意図する状態へと人々の行動を誘導できます。しかし、これがかみ合わなければ、その政策は空回りするばかりで実効ある結果をもたらさないでしょう。いわゆる「ハコモノ」行政が往々にして期待した効果を生まないのは、こうした人間行動の動機や需要が重視されないからです。

　最も重要なことは、政策手法論とは、人々の動機や行動の需要を分析し洞察することを通して、政策の意図する結果の状態を実現するために需要に対応した最適の行

図表6　政策手法の3類型とその特徴

	規制手法	経済手法	情報手法
行動の動機	合法的ルールの遵守もしくはルールの逸脱に対する罰則の回避	自己利益に基づく経済計算（損得勘定またはコスト意識）	認識、信念、価値観（利己的および利他的）
手法の性質	法律及び条例に基づく行動の規制（禁止、抑止、制限）及び規制による誘導	正または負の物的誘因の直接的な提供	知識の移転、情報の提供、コミュニケーション、説得
強制力の程度	強い（名宛人の選択の余地が少ない）	中間的（名宛人の選択の余地がやや大きい）	弱い（名宛人の選択の余地がきわめて大きい）
具体例	●無条件（絶対的）の禁止 ●免除または適用除外 ●許認可（特許、認可、証明、認証、割当、免許、許可など） ●届出または登録	●物的サービスの提供 ・現金の給付：生活扶助、祝い金支給など ・現物の給付：保健医療、住宅、教育、公共施設の建設 ●金銭的誘導（＋）または負の誘因（－）の提供 ・財政手法（±） ・税制（±） ・金融手法 ・社会保険	●政策手法に関する情報（お知らせ情報型、補完型） ●独自の情報手法 ・メディアによる伝達：ＴＶ、ラジオ、映画、新聞、インターネット、印刷物、ラベル、ポスター ・対人的伝達：助言、教育、ワークショップ、カンファレンス、デモンストレーション、政府による先導的試行、展示、調査と公表（±）

動操作方法を選択する、需要サイドの思想に立つ政策論であるということです。現状における「事務事業」が「予算事業」とも言われることに象徴されるとおり、行政資源のインプット側から供給サイドの発想に立っていることと対比してみてください。「事務事業」は、基本的に

は、市民側の発想ではなく、役所の都合に立った発想を払拭できないシステムなのです。この「事務事業」体系を、役所の都合から市民の都合へと転換することを通して「政策にする」ための有効な道具建てが、ここでいう政策手法論に他なりません。

(1) 規制手法

　規制手法は、基本的には条例による強制力を行使する手法です。非常に強い無条件の禁止から届出や登録のような強制力の弱いものまで相当大きな幅があります。青森県深浦町では、未成年の喫煙防止策の柱として、屋外にあるたばこ自販機の撤去を義務づける「自動販売機の適正な設置及び管理に関する条例」を全国で初めて制定しました（2001年4月1日施行）。条例にどの程度の強制力を持たせるべきかは、法律との兼ね合いもさることながら、総合的な作戦の一環として検討していくべき問題です。一概にこれがベストという最適解があるわけではないと思います。そのことによる影響や効果、限界をきちんと読んで、どのような方法が効果的かを考えていく必要があるでしょう。

　自治体関係者の中には規制手法について「条例で縛らないと住民は悪いことをする存在だと宣言するようなもので淋しい発想だ」と本気で考えている人たちもいて、そういう慣習法としてのムラ掟に価値をおく「文化」の存在も、規制手法の活用を自治体が「自己規制」している一因ではないかと思わせる節もあります。こうした地域ごとの「文化」の違いも決して無視できない。そのためにもあまり杓子定規の法理論だけを主張しても、かえってうまくいかない場合もあります。

　また、規制手法の中には、容積率の緩和のように例外措置や適用除外を設けることで経済的誘導と同じような

働きをする「規制」の活用法もあります。ですから規制は、強める働きを活用する面と同時に弱める働きを活用する両面があることになります。規制手法の多様な方法論をもっと積極的に活用することが必要です。

蛇足ながら、ごみの不法投棄やストーカー行為などの悪質な不健全需要に対応するため、実情に応じた自治体条例を制定して規制を強化しなければならなくなる状況は、今後ますます増えると思います。が、問題はその政策の実効性を担保するための権限、特に警察権が市区町村に与えられていないことです。分権時代における警察権のあり方についても改めて議論が必要ではないでしょうか。

(2) **経済手法**

経済手法は非常に多彩で、かつ最もポピュラーな方法です。

まず伝統的な現物サービスがあります。生活保護や敬老祝い金支給といった金銭給付事業。それから図書館や道路の建設・管理運営といった施設サービス。それに教育や福祉のような人的サービス。直接サービスを提供することでニーズを代替する方法です。

もう一つのタイプは、物質的な誘因（インセンティブ）を提供したり、あるいは不利益な誘因（ディスインセンティブ）を課したりすることによって、一定の「公共行動」を誘発する手法です。補助金・助成金の支給や低利の融資、減税などの方法が従来から多用されてきました。また、欧米では「バウチャー（voucher）」とよばれる、使途を特定した公共サービス利用者向けの補助制度によって、利用者の選択と供給主体の間の競争のメカニズムを組み込む試みも注目されています。

最近、経済手法で最も注目を集めているのは、ご承知

のとおり環境税やごみの有料化のようにマイナスの誘因（不利益）を課すことによって、いわば損をする行動を避けようとするコスト回避行動を誘発し、それを通して二酸化炭素などの排出行為を抑制したり、ごみの排出量を減らしたりしようという、擬似市場的な経済手法です。日本の自治体でもごみ袋の有料化に踏み切るところが増えています。

ただし、ごみ有料化の効果についても賛否両論があるところです。一時的には減量化につながるが、数年で元に戻ったり増えたりする「リバウンド」現象が報告されています。私たちの生身の「減量」とか「禁煙」と同じで、一度うまくいっても、ちょっと気を緩めたり意志が揺らいだりすれば、元の木阿弥になるということでしょうか。

分権改革の中で、法定外税、特に法定外目的税が活用できる道が開かれたことは、政策手法としての経済手法に各段に幅と深みができたわけで、政策課題の解決法としての税制の検討も是非視野に入れるべきだと思います。

しかし、ごみの有料化の効果問題もそうですが、ある特定の手法だけを過信したり他から切り離したりしても実際にはうまくいかない。社会分析をキチンと行い、効果の測定をしながら、次々に変化する状況の中でどの方法論が有効か、どんな手法の組み合わせが必要かなど、より柔軟に政策の組み立てを行なうことが大切なのです。

(3) **情報手法**

三つ目が情報手法です。例えば「介護保険制度についてのお知らせ」といったような「お知らせ型情報」は従来から頻繁に活用されています。けれども、それと合わ

せて、固有の政策手法としての情報手法が注目されてきています。介護保険の例でいえば、介護サービスの要というべきケアマネージャーの活動の質的向上を支援する情報システムの整備などがあります。また、環境ホルモン、遺伝子組み替え、いわゆる狂牛病（BSE）など食品の安全性や信頼性が消費者の大きな関心事になっていますが、「ラベリング」といわれる表示義務化も情報手法の一例です。ラベリングは、公正な法的ルールの下で厳正に実施されるならば生産者や流通業者にとっては「規制の強化」なのですけれども、その表示を利用する消費者にとってはあくまで「情報提供」に過ぎません。消費者の選択を直接法的に拘束しているわけではありませんから。

そのほかにもワークショップ、カンファレンス、体験学習、デモンストレーション、調査や結果の公表など、情報手法が多様に活用されています。

3-3 政策手法のパッケージ化

オーケストラに喩えて言えば、前節で説明した目的セットとは曲目と楽譜と指揮者を決めることです。でも、これだけで良い演奏が実現できるわけではありません。楽器と奏者とパートを決め、練習場や日程を決め、猛練習をしなくてはなりません。これが手段セットです。政策手法とは、オーケストラにおける楽器（musical instruments）の編成に相当するものです。良い演奏のためには良い楽器を最適に組み合わせること（パッケージング）が必要です。オーケストラのハーモニーと同じで、良い政策になるためには、これらの道具がハーモナイゼイションを達成するように最適の組み合わせを考慮

図表7　政策手法のトライアングル

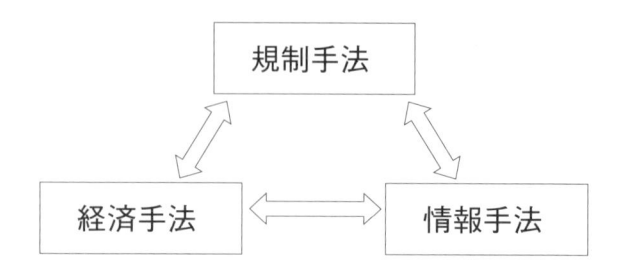

```
         ┌──────────┐
         │ 規制手法 │
         └──────────┘
          ↗        ↖
    ┌──────────┐  ┌──────────┐
    │ 経済手法 │←→│ 情報手法 │
    └──────────┘  └──────────┘
```

しなくてはなりません。政策の効果をあげるためには、いろいろな動機をもつ対象集団に対して、いかにしたら公共行動（たとえば、ごみの減量化）への動機づけを与えることができるか、という視点から道具の取捨選択と組み合わせ（パッケージ化）をする必要があります。その道具の選択とその使い方の良し悪しが、政策のパフォーマンスに重大な影響を及ぼすことになるのです。

　必要な規制を（処罰を含めて）厳正に行わないと、何が守るべき公共ルール（公共の作法）であるかがあいまいになり、「何でもあり」の世界になってしまうでしょう。まずは、「ごみのポイ捨てや不法投棄は許さない」といった公共ルールとしての規制を明確にすべきです。そのうえで、空きカンや空きビンの散乱防止や資源回収の促進に、できるだけ多くの人が参加しやすい経済手法を考案する必要があります。たとえば、製品に予め資源回収用の預り金（deposit）を上乗せして販売し、それが資源回収された時点でその預り金を返還（refund）するしくみである、デポジット制度（deposit refund system）の導入などが考えられます。しかし、そうした規制手法や経済手法の実効性を高めるためには、個々人の意識や価値観の転換に働きかける教育や説得、情報の提供などの情報手法が大切になります。この三者は図表7

図表8　環境保全政策における手法のパッケージ化

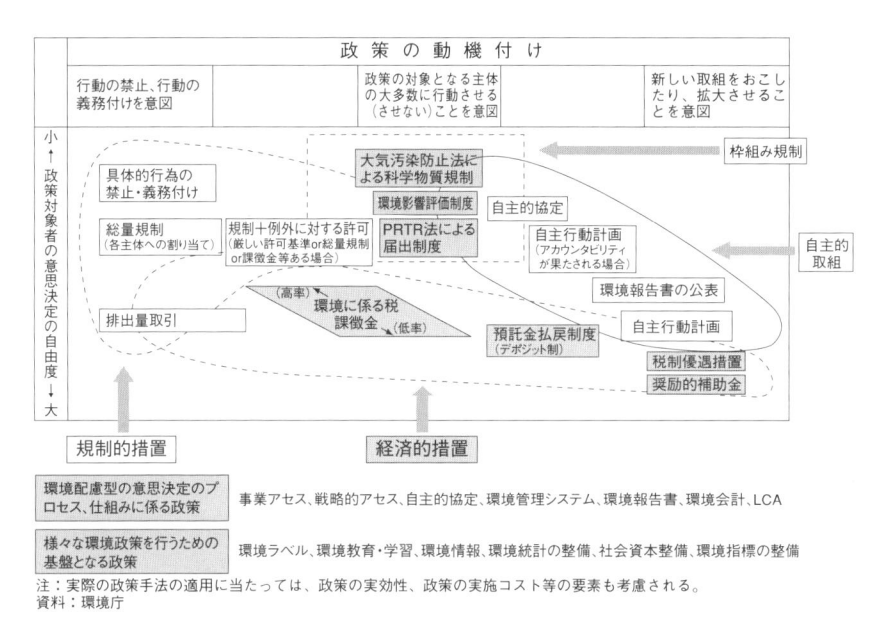

	政策の動機付け			
	行動の禁止、行動の義務付けを意図	政策の対象となる主体の大多数に行動させる（させない）ことを意図	新しい取組をおこしたり、拡大させることを意図	
小↑政策対象者の意思決定の自由度↓大	具体的行為の禁止・義務付け 総量規制（各主体への割り当て） 排出量取引	大気汚染防止法による科学物質規制 環境影響評価制度 規制＋例外に対する許可（厳しい許可基準or総量規制or課徴金等ある場合） PRTR法による届出制度 環境に係る税・課徴金（高率）（低率）	自主的協定 自主行動計画（アカウンタビリティが果たされる場合） 環境報告書の公表 預託金払戻制度（デポジット制） 自主行動計画 税制優遇措置 奨励的補助金	枠組み規制 自主的取組
	規制的措置	経済的措置		

| 環境配慮型の意思決定のプロセス、仕組みに係る政策 | 事業アセス、戦略的アセス、自主的協定、環境管理システム、環境報告書、環境会計、LCA |
| 様々な環境政策を行うための基盤となる政策 | 環境ラベル、環境教育・学習、環境情報、環境統計の整備、社会資本整備、環境指標の整備 |

注：実際の政策手法の適用に当たっては、政策の実効性、政策の実施コスト等の要素も考慮される。
資料：環境庁

（出所）環境庁編．2000．『平成12年版環境白書──総説』ぎょうせい

のように相補相乗のトライアングルの関係にあるのです。

　環境政策の分野ではこうした政策手法のパッケージ化（ポリシーミックス）の考え方がたいへん進んでいます。図表8は、平成12年版「環境白書」から採った手法の体系図です。規制手法と経済手法と情報手法の組み合わせが設計されています。

　このように政策課題に対する「プログラム化」を可能にするためには、政策手法のパッケージ化を可能にするような「事務事業」の組替え、再構築が必要不可欠になります。当然、それに伴う組織と行政資源の再配分、すなわち手段セット全体の再編成も不可欠になるわけです。

3-4 需要の構造と政策手法

　政策手法の最適パッケージ化のためには、当該政策課題領域（場）において、そもそもどんな行動の動機ないし行動の需要が存在しているかを分析し構造化できなければなりません。それがどんなタイプの手法が効果的かを判別する不可欠の情報になるからです。この情報が欠けている状態では政策手法の選択はできません。「情報なくして政策なし」というわけです。では、情報はどこから得るのか？　無為自然に情報が入手できることはまずありません。そういうものはあったとしても有効に活用できないでしょう。情報を得るには「場」に対する主体的働きかけが必要です。すなわち広い意味での調査（反応を得るための仮説的働きかけ）が必要です。すなわち「調査なくして情報なし」というわけです。

　こうした考え方を実際に裏づけてくれる社会技法として、「ソーシャル・マーケティング論」は非常に魅力的です。特に、「セグメンテーション」という発想法には、需要の構造を細分化して理解する着想と同時に、それぞれに対する最適の行動操作の方向を指示する知見も含まれています。政策手法のダイナミックな選択と運用の前提条件を満たす社会技法だと思います。

　また、ソーシャル・マーケティング論の提示する「需要」概念は、平板でなく非常に立体的で奥行きがあります。顕在的需要だけでなく潜在的需要も扱えますし、ポジティブな需要だけでなくネガティブな需要も扱うことができます。ということは、需要の促進だけでなく需要の抑制も射程に入れることができるわけです。つまり、ある需要に対するサービスの提供を論じることができるだけでなく、別の需要に対する規制も論じることができ

図表9　需要予測とセグメンテーション

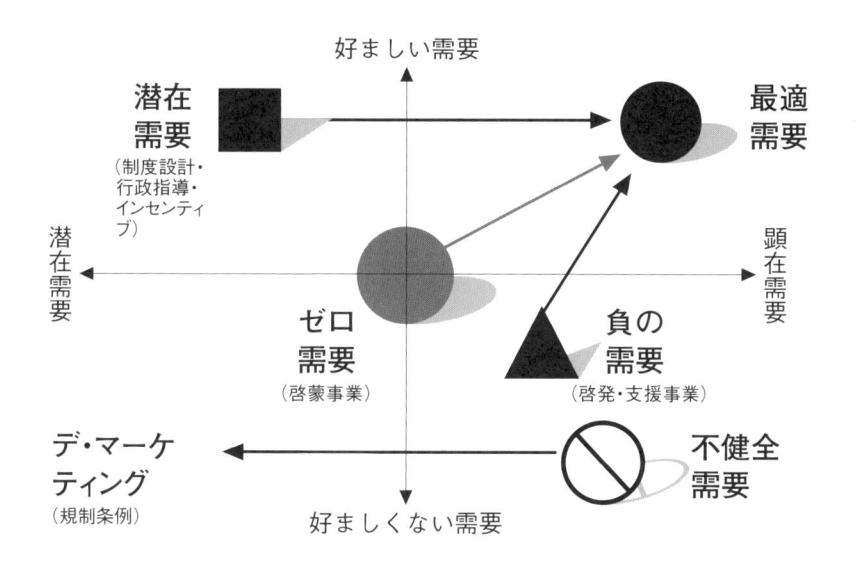

```
                    好ましい需要
                         ↑
   潜在                   │              最適
   需要   ■──────────────┼──────────→  ●  需要
  （制度設計・             │           ╱
   行政指導・              │         ╱
   インセンティ            │       ╱
   ブ）                   │     ╱
潜在需要 ←─────────────────●───────────────→ 顕在需要
                          │  ▲
                     ゼロ │  │ 負の
                     需要 │     需要
                  （啓蒙事業） │ （啓発・支援事業）
                          │
  デ・マーケ              │         ⊘   不健全
  ティング ←───────────────┼─────────    需要
  （規制条例）            │
                         ↓
                    好ましくない需要
```

るのです。

　ソーシャル・マーケティング論を応用した需要のセグメンテーションの具体的な考え方を、「男女共同参画政策」の例を想定しながら紹介してみましょう。

　図表9は、横軸に「需要の顕在化─潜在化」をとり、縦軸に「需要の好ましさ」の程度をとって、需要の構造を平面上に配置したものです。この場合の「好ましさ」とは、「男女平等」という価値基準に対してポジティブなベクトルの行動が「好ましい」、ネガティブなベクトルが「好ましくない」ということになります。左側の「潜在的」とは行動が潜在化している場合、右側の「顕在的」とはそれが顕在化している場合を示しています。

　第一象限にある「最適需要」とは、「男女平等」の好ましい行動が目に見える形で顕在化している需要の状態を表しています。より多くの人々が「最適需要」に到達

するようになれば、このマーケットでの政策課題は「終結」したことになります。その意味で「最適需要」の状態は政策（男女共同参画プラン）の最終ゴールも意味しています。

　そこで問題は、現状がどうなっているか、ですね。

　まず一つは、X軸とY軸が交わる原点のあたりに分布する需要グループ。これはマーケティング論では「ゼロ需要」とよぶのですが、それは普通の言葉でいえば「無関心層」ということでしょう。ジェンダー問題に無関心であまり知識もない人達です。「何で男女平等なんて問題なの？」「どうして女性が会社でお茶くみしちゃいけないの？」というような素朴なレベルの問題意識しかもたない人達のグループが、この「ゼロ需要」です。

　政策の立場から知りたいことは、このマーケットでは「ゼロ需要」のウエイトがどれくらいかということです。もし、このウエイトがかなり大きく、主要なターゲットである場合には、この集団は基本的には適切な情報が欠如している人達でしょうから、「この人達がどうやったら最適需要に移行できるだろうか。そのための最適の方法は何だろうか」と考えると、どうやって意識付けをするかといった啓蒙的、啓発的事業、すなわち情報手法の展開が重要ではないかという政策手法論に結びつくことになりますね。

　ところが、実際には需要の構造はもっと複雑です。

　第二象限に「潜在需要」の集団があります。ジェンダーの知識や意識をある程度もっているのですが、それが具体的な行動として顕在化しない集団です。昔、クレージーキャッツの流行歌のフレーズに「分っちゃいるけどやめられない」というのがありましたが、こっちの方は「頭では分っていても体が動かない」。家庭の中で夫も家事

の分担をしなければならない。「そんなこと分っているけど、会社の今の立場でやれと言われても、なかなかできないんだよな」とか、「制度はあるけど、男で育児休業をとる上司や同僚が周りにだれもいなきゃ、なかなかできないよ」という話になってくるわけです。

　こうした「潜在需要」グループが主要なターゲットの場合には、「ゼロ需要」に対するような啓蒙や啓発事業はたいして効果がない。「そんなことは分っているんだよ」となります。男女共に育児休業をとり易くする制度の再設計を国に働きかけることや、事業所でもある市役所自らが率先して制度運用の模範を示すような説得力のある行動をとることで民間事業所を説得することなども必要でしょう。育児休業の男性取得割合に一定の枠を設定する割当制などの規制も必要かもしれません。いずれにせよ、実際の行動を阻害している制約が主要な問題であって、その壁をできるだけ低くするための政策手法が工夫され選択されなければなりません。

　第四象限に「負の需要」と呼ばれるものがあります。「確かに男でも女でも人間はみな平等だ。でも、最近、男女の平等だけをあまりにも言い過ぎるんじゃないか。」「家事の分担をやりましょう」と言っても、「男子厨房に入るべからず」などと古色蒼然たることを言ったりしているわけです。（笑い）

　このように、口では一見分ったようなことを言いながら、その実は良く分ってもいないし協力もしない。典型的な「総論賛成・各論反対」あるいは「抵抗勢力」の態度集団です。これはジェンダー問題に限りません。何かの新しい改革をやろうとするときには必ず生まれる需要タイプです。それだけに、需要の類型の中でも、対応が最も困難で、かつ最も重要な集団でもあるでしょう。

●政策手法論の重要性

「負の需要」に対する対応作戦は細心の注意を要します。その需要の背後には、行動を支える価値観があるばかりでなく、何らかの既得権益が存在している場合がほとんどです。そのため、「男女共同参画」という新しい公共価値に反対している「本当の理由」はいったい何かを探り、突き止める洞察力も大切です。

「男子厨房に入るべからず」などと敢えて古色蒼然たる言い訳をしているのは、彼の哲学に根ざす信念なのか、それとも自分の生活技術の無さやレベルの低さを覆い隠すための偽装イデオロギーなのか。ひょっとすると、料理を作るといっても台所を散らかすだけでかみさんのひんしゅくを買ったとか、作った料理を子どもたちに「まずくて二度と食べたくない」という顔をされたとか、かみさんが旅行でいないときに「ミズから行動すべし」と発奮して初めてインスタントラーメンを作ったら不味くて食べられなかった理由をそれとなく後でかみさんに聞いてみたらラーメンを「水から」煮ていたためだったとか、何かのトラウマがあるのかもしれませんよね。(笑い)

もし「偽装イデオロギー」であるならば、正面から論戦を挑んでへそを曲げられるよりも、「本当の壁」を低くするような生活技術支援などの新しいアプローチの方が効果があるかもしれません。最近よくある「お父さんのための料理講座」などという話になってくるわけです。

しかしそれでも、最後に「不健全需要」というものが残ります。これはもう完全にセクハラ主義者、男女差別主義者です。そのコアは「確信犯」ですから、図の上（最適需要）の方には行かない人達です。(笑い) 法律や条例などによる断固たる規制を明示して、「不健全需要」が顕在化しないようにする必要があります。これは「デ

・マーケティング」、需要の抑制・管理という考え方です。

 ちなみに、他大学でもそうでしょうけれども、うちの大学でも「セクシャルハラスメント委員会」がありまして、教授会で年に一回セクハラの研修を受けます。(笑い)「〇〇大学の××助教授は、セクハラで女子学生と裁判になり何百万円かの賠償金を払い、その上大学をクビになって、しかも社会的信用を失ない、離婚されて家庭も失った。そして今ごろ、彼はどこかのコンビニで働いているかもしれませんよ」とかね、脅かされるわけです。(笑い)

 以上のような需要予測と政策手法についての枠組みは、ごみ減量化政策、地域交通政策、健康づくり政策など他の政策課題においてもいくらでも応用の余地があります。

 政策介入の「場」における問題状況が非常に複雑で変動も激しいので、需要の構造を把握しセグメントを切る相当緻密な調査や観察がたいへん重要になっていると思います。繰り返しますが、「調査なくして情報なし」「情報なくして政策なし」「政策なくして行政なし」ということであり、情報の収集や分析は「暇なときに余った時間でやる道楽」ではなく、それ自体が必要不可欠の本務であるという組織体質（学習する組織）を作り上げることが必要です。

 一筋縄ではいかない問題ばかりです。短期的にはうまくいっても、長期的には失敗することも多い。ですから需要の変動をにらみながら、短期、中期、長期の時間戦略を柔軟に組み立てていくことも大切ではないでしょうか。さらに、地域公共問題を解決するパートナーとしての市民や事業者との協働のポテンシャルを顕在化させて

●政策手法論の重要性

いくための政策手法の開発は、ローカル・ガバナンスの時代における大きな課題ではないかと思います。

❹ むすびにかえて

　そろそろまとめに入りたいと思います。以上の話を要約すれば、いよいよローカル・ガバナンスの時代が到来し、ますます市民のみなさんは元気はつらつという部分があります。協働の価値も方法もだんだん進化していくでしょう。しかし、このガバナンスの時代は、自治体にとって心してかからないと、ハンドルもブレーキも思うように利かなくなる操縦の困難な時代への入口でもあるのではないでしょうか。だからこそますます政策による社会システムの操縦が重要になるのです。自治体の真価が問われます。自治体において責任ある適切な政策選択が行われるという条件の下で、需要サイドの視点に立つ政策手法のダイナミックな展開が現場レベルで行われる必要があります。そのための着目点を示唆してきました。

　今日の論題に対する地方議会と議員の役割について指摘してむすびに代えたいと思います。

　「役所の生命線」である「事務事業」を「いかに政策にするか」という観点からの議会の監視、点検が必要だと思います。言い換えれば、「事務事業」が想定している「目的セット」を目に見える形にし、あるべき施策体系に事務事業を再編成する「プログラム化」を追求するということです。こうした作業を議会サイドで行うためには、従来の「決算委員会」だけは不十分ではないでしょうか。文京区議会で試みられているように、特別委員会を設置して「政策評価」の議会サイドからの監視点検を行う体制を整えるなどの独自の工夫が不可欠でしょう。「そんな細かいことは行政に任せればいいだろう」とい

うのがこれまでの議会常識でしたけれども、はたしてこうした姿勢で「事務事業の解体と政策への再編」が達成できるでしょうか。

次のような設問例が考えられます。
　☆　この事務事業の目的は何か？
　☆　目的を共有する他の事務事業はどれとどれか？
　☆　これらの事務事業はどのタイプの政策手法に当てはまるか？
　☆　それらはパッケージとしてどの程度連携して運用されているか？
　☆　どのような政策効果が生まれているか？
　☆　より効果をあげるためには政策手法のどんな改善が必要か？

こうした議論の大前提になるのが自治体組織全体の政策形成能力の底上げです。こうした底上げをチェックする視点もこれからの議会には必要ではないでしょうか。最後に、浜松市の職員研修で使われている政策評価シートを付録としてつけておきますので、みなさんの自治体でも参考にしてみてはいかがでしょうか。

「うなぎのラッパ」のように、とりとめのない笑い話に終始したような気もしますが、もし何か一つでもみなさんのヒントになるようなことが含まれていたならば嬉しく思います。どうもご清聴ありがとうございました。

〔付録〕

★浜松市政策課題研究研修評価シート★

評価対象政策研究名　　　　（　　）班
評価者所属・氏名

Ⅰ	社会問題の発見・分析（「現場百回」「目からウロコ」）	
	A　B　C　D　－	①新しい発想や市民的な着想に立って問題を取り上げているか？
	A　B　C　D　－	②問題の要因や背景を論理的に構造化できているか？
	A　B　C　D　－	③客観的なデータ・資料による実証が十分にできているか？
Ⅱ	政策対応の基本方針（納得いく方針）	
	A　B　C　D　－	④政策対応の必要な根拠と政策対応の最終目的が示されているか？
	A　B　C　D　－	⑤行政の守備範囲と協働の視点が明示されているか？
	A　B　C　D　－	⑥総合的政策（脱セクショナリズムとスクラップ＆ビルド）の視点が明確になっているか？
Ⅲ	政策手法の選択（包丁は使い様）	
	A　B　C　D　－	⑦政策目的に適合した合理的な政策案（政策手法）の選択になっているか？
	A　B　C　D　－	⑧選択された政策手法（事務事業）やそのパッケージは効率的かつ有効か？
	A　B　C　D　－	⑨達成されるべき具体的な目標と成果が明示（指標化）されているか？
Ⅳ	政策展開の戦略（柔らか頭の頑固一徹）	
	A　B　C　D　－	⑩目標達成の鍵となる集団（ターゲット）への重点対策がとられているか？
	A　B　C　D　－	⑪政策目的を達成するための短期及び中長期の戦略的シナリオがあるか？
Ⅴ	実行可能性（考え抜かれた提案）	
	A　B　C　D　－	⑫行政資源の制約や社会的・政治的な阻害要因を十分配慮した実行可能な提案か？
Ⅵ	評価システムの内蔵（学習する組織）	
	A　B　C　D　－	⑬政策評価の仕組みが内蔵されているか？
	A　B　C　D　－	⑭評価指標の設定，測定のデータ収集・分析のメカニズムが組み込まれているか？
Ⅶ	プレゼンテーション（動く広報）	
	A　B　C　D　－	⑮平易な言葉で，分かり易い表やグラフ等を使って，簡潔で丁寧に説明しているか？
	A　B　C　D　－	⑯市民が聞いて，分かり易く，納得できる提案になっているか？
Ⅷ	総合評価（全体の総括的評価）　A　B　C　D　（備考）	【コメント記載欄】

※　評価は，「ＡＢＣＤ」の4段階でお願いします。項目の中には，評価尺度の違うものもありますが，概ね次のように考えてください。他のグループとの相対評価ではなく，絶対評価の方法で評価をしてください。
　「Ａ」＝優。非常に優れている。非常によく考慮されている。
　「Ｂ」＝良。優れている。よく考慮されている。よく参考にできる。
　「Ｃ」＝可。凡庸である。平均的な考慮はされている。参考になる。
　「Ｄ」＝不可。間違っている。考慮が足りない。一部参考になる部分もある。
　「－」＝評価に該当しない。（テーマの性格上，当該評価項目が当てはまらない場合）

参考文献一覧

- 古川俊一・北大路信郷『公共部門評価の理論と実際』日本加除出版（2001年）
- 日高昭夫『自治体職員と考える政策研究——分権時代の新しい政治行政作法』ぎょうせい（2000年）
- 日高昭夫「政策手法の再編」今村都南雄編著『日本の政府体系』成文堂（2002年）第六章所収
- 礒崎初仁『分権時代の政策法務（地方自治土曜講座ブックレット37）』北海道町村会（1999年）
- Charles O. Jones, *An Introduction to the Study of Public Policy*, 2nd ed., Massachusetts: Duxbury Press（1977）.
- フィリップ・コトラー、エデュアルド・L・ロベルト著（井関俊明監訳）『ソーシャル・マーケティング——行動変革のための戦略』ダイヤモンド社（1995年）
- R.A.W. Rhodes, *Understanding Governance: Policy Networks, Governance, Reflexivity and Accountability*, Buckingham: Open University Press（1997）.
- 山川雄巳『政策とリーダーシップ』関西大学出版部（1993年）

（本稿は、2001年7月7日、自治体議会政策学会の自治政策講座で「自治体の政策手法と政策評価」と題して行なった講義録に大幅に加筆して改題したものです。）

●著者紹介

日高昭夫（ひだかあきお）
1952年宮崎県生まれ
中央大学大学院法学研究科博士課程前期課程修了（法学修士）
山梨学院大学法学部教授（政治行政学科長）、同大学院社会科学研究科（公共政策専攻）教授
山梨学院大学ローカル・ガバナンス研究センター顧問
日本行政学会理事、ローカル・ガバナンス学会運営委員

山梨県経済財政会議委員（行政改革専門部会長）、笛吹市行政改革推進委員会会長、松戸市協働のまちづくり協議会会長など自治体の各種審議会等委員
総務省自治大学校、全国市町村国際文化研修所、自治体女性管理者フォーラム、自治体議会政策学会などの自治体職員・議員研修講師

●最近の主な論説・著書
「山梨の建設業と県財政との関係に関する一考察」山梨学院大学大学院『社会科学研究』28号、2008年2月
「市町村と地域自治会との『協働』関係の諸類型についての一考察——ローカル・ガバナンス制御の視点から」山梨学院大学『法学論集』59号、2007年
「ローカル・ガバナンスと行政手法の転換」『実践自治 Beacon Authority』（イマジン出版）2006年Vol.25-28連載
「協働型行政をめぐる課題——『対等性』の検討を中心に」『地方自治職員研修』2006年11月号
「『下請機関』から第三層の地方政府へ——変貌するか、自治会・町内会」『ガバナンス』2004年4月号
『地域のメタ・ガバナンスと基礎自治体の使命』イマジン出版、2004年
『市町村と地域自治会——「第三層の政府」のガバナンス』山梨ふるさと文庫、2003年
『ローカル・ガバナンスと政策手法』イマジン出版、2002年
『自治体職員と考える政策研究——分権時代の新しい政治行政作法』ぎょうせい、2000年

コパ・ブックス発刊にあたって

　いま、どれだけの日本人が良識をもっているのであろうか。日本の国の運営に責任のある政治家の世界をみると、新聞などでは、しばしば良識のかけらもないような政治家の行動が報道されている。こうした政治家が選挙で確実に落選するというのであれば、まだしも救いはある。しかし、むしろ、このような政治家こそ選挙に強いというのが現実のようである。要するに、有権者である国民も良識をもっているとは言い難い。

　行政の世界をみても、真面目に仕事に従事している行政マンが多いとしても、そのほとんどはマニュアル通りに仕事をしているだけなのではないかと感じられる。何のために仕事をしているのか、誰のためなのか、その仕事が税金をつかってする必要があるのか、もっと別の方法で合理的にできないのか、等々を考え、仕事の仕方を改良しながら仕事をしている行政マンはほとんどいないのではなかろうか。これでは、とても良識をもっているとはいえまい。

　行政の顧客である国民も、何か困った事態が発生すると、行政にその責任を押しつけ解決を迫る傾向が強い。たとえば、洪水多発地域だと分かっている場所に家を建てても、現実に水がつけば、行政の怠慢ということで救済を訴えるのが普通である。これで、良識があるといえるのであろうか。

　この結果、行政は国民の生活全般に干渉しなければならなくなり、そのために法外な借財を抱えるようになっているが、国民は、国や地方自治体がどれだけ借財を重ねても全くといってよいほど無頓着である。政治家や行政マンもこうした国民に注意を喚起するという行動はほとんどしていない。これでは、日本の将来はないというべきである。

　日本が健全な国に立ち返るためには、政治家や行政マンが、さらには、国民が良識ある行動をしなければならない。良識ある行動、すなわち、優れた見識のもとに健全な判断をしていくことが必要である。良識を身につけるためには、状況に応じて理性ある討論をし、お互いに理性で納得していくことが基本となろう。

　自治体議会政策学会はこのような認識のもとに、理性ある討論の素材を提供しようと考え、今回、コパ・ブックスのシリーズを刊行することにした。コパ（COPA）とは自治体議会政策学会の英語表記Councilors' Organization for Policy Argumentの略称である。

　良識を涵養するにあたって、このコパ・ブックスを役立ててもらえれば幸いである。

自治体議会政策学会　会長　竹下　譲

COPABOOKS
自治体議会政策学会叢書
ローカル・ガバナンスと政策手法

発行日	2002年4月15日　第1刷発行
	2008年2月21日　第5刷発行
著　者	日高　昭夫
発行人	片岡　幸三
印刷所	今井印刷株式会社
発行所	イマジン出版株式会社©

〒112-0013　東京都文京区音羽1-5-8
電話 03-3942-2520　Fax 03-3942-2623
http//www.imagine-j.co.jp

ISBN978-4-87299-290-8 C2031 ¥900E
落丁・乱丁の場合は小社にてお取替えします。

イマジン出版
http://www.imagine-j.co.jp/

COPA BOOKS
自治体議会政策学会叢書

地域自立の産業政策
—地方発ベンチャー・カムイの挑戦—
小磯修二（釧路公立大学教授・地域経済研究センター長）著
□A5判／120頁　定価1,050円（税込）

いいまちづくりが防災の基本
—防災列島日本でめざすは"花鳥風月のまちづくり"—
片寄俊秀（大阪人間科学大学教授）著
□A5判／88頁　定価1,050円（税込）

地域のメタ・ガバナンスと基礎自治体の使命
—自治基本条例・まちづくり基本条例の読み方—
日高昭夫（山梨学院大学教授）著
□A5判／100頁　定価945円（税込）

まちづくりと新しい市民参加
—ドイツのプラーヌンクスツェレの手法—
篠藤明徳（別府大学教授）著
□A5判／110頁　定価1,050円（税込）

自治体の入札改革
—政策入札—価格基準から社会的価値基準へ—
武藤博己（法政大学教授）著
□A5判／136頁　定価1,260円（税込）

犯罪に強いまちづくりの理論と実践
—地域安全マップの正しいつくり方—
小宮信夫（立正大学教授）著
□A5判／70頁　定価945円（税込）

増補版 自治を担う議会改革
—住民と歩む協働型議会の実現—
江藤俊昭（山梨学院大学教授）著
□A5判／164頁　定価1,575円（税込）

地域防災・減災 自治体の役割
—岩手山噴火危機を事例に—
斎藤徳美（岩手大学副学長）著
□A5判／100頁　定価1,050円（税込）

自治体と男女共同参画
—政策と課題—
辻村みよ子（東北大学大学院教授）著
□A5判／120頁　定価1,260円（税込）

政策法務のレッスン
—戦略的条例づくりをめざして—
松下啓一（大阪国際大学教授）著
□A5判／108頁　定価945円（税込）

自治体法務の最前線
—現場からはじめる分権自治—
提中富和著
□A5判／128頁　定価1,365円（税込）

インターネットで自治体改革
—市民にやさしい情報政策—
小林隆（東海大学准教授）著
□A5判／126頁　定価1,260円（税込）

ローカル・マニフェスト
—政治への信頼回復をめざして—
四日市大学地域政策研究所（ローカル・マニフェスト研究会）著
□A5判／88頁　定価945円（税込）

ペイオフと自治体財政
大竹慎一（ファンドマネージャー）著
□A5判／70頁　定価945円（税込）

自治体の立法府としての議会
後藤仁（神奈川大学教授）著
□A5判／88頁　定価945円（税込）

自治体議員の新しいアイデンティティ
—持続可能な政治と社会的共通資本としての自治体議会—
住沢博紀（日本女子大学教授）著
□A5判／90頁　定価945円（税込）

ローカル・ガバナンスと政策手法
日高昭夫（山梨学院大学教授）著
□A5判／60頁　定価945円（税込）

分権時代の政策づくりと行政責任
佐々木信夫（中央大学教授）著
□A5判／80頁　定価945円（税込）

●ご注文お問い合せは●

イマジン自治情報センター　TEL.03(3221)9455／FAX.03(3288)1019
〒102-0083 東京都千代田区麹町2-3 麹町ガーデンビル6D　http://www.imagine-j.co.jp/